Peter Hahne · Das Buch zum Weihnachtsfest

Peter Hahne

Das Buch zum Weihnachtsfest

mediaKern

Vorwort

Weihnachten! Ein Wort, das die Welt verzaubert. Ganz gleich, ob allein oder im Familienkreis, ob zu Hause oder in der Ferne, ob gläubig oder suchend: Es ergreift jeden auf geheimnisvolle Weise. Ganz persönlich. Das Fest der Liebe lässt niemanden kalt.

Auch ich freue mich auf Weihnachten. Alle Jahre wieder. Und es liegt an uns, diese Festtage zu etwas Besonderem werden zu lassen. Dazu will dieses Buch Anregungen geben.

Ich wünsche Ihnen in den eiligen Tagen bis zum Heiligen Abend die wahre Freude des Advents: Die Herren dieser Welt gehen, unser Herr aber kommt. Diese Erwartung macht das Fest gehaltvoll und unser Leben wertvoll. »Die Freude ist der Doktorhut des Glaubens« (Martin Luther).

Frohe und gesegnete Weihnachten wünscht Ihnen

Ihr [illegible]

Die Weihnachtsverheißung …

Und du, Bethlehem Ephratha, die du klein bist unter den Städten in Juda, aus dir soll mir der kommen, der in Israel Herr sei, welches Ausgang von Anfang und von Ewigkeit her gewesen ist.
Der Prophet Micha 5,1

Darum so wird euch der Herr selbst ein Zeichen geben: Siehe, eine Jungfrau ist schwanger und wird einen Sohn gebären, den wird sie heißen Immanuel.
Der Prophet Jesaja 7,14

Das Volk, das im Finstern wandelt, sieht ein großes Licht; und über die da wohnen im finstern Lande, scheint es hell. Denn uns ist ein Kind geboren, ein Sohn ist uns gegeben, und die Herrschaft ist auf seiner Schulter; und er heißt Wunderbar, Rat, Kraft, Held, Ewig-Vater, Friedefürst.
Der Prophet Jesaja 9,1.5

Aber du, Tochter Zion, freue dich sehr, und du, Tochter Jerusalem, jauchze! Siehe, dein König kommt zu dir, ein Gerechter und ein Helfer, arm, und reitet auf einem Esel und auf einem jungen Füllen der Eselin.
Der Prophet Sacharja 9,9

... und ihre Erfüllung

Es begab sich aber zu der Zeit, dass ein Gebot von dem Kaiser Augustus ausging, dass alle Welt geschätzt würde. Und diese Schätzung war die allererste und geschah zu der Zeit, da Cyrenius Landpfleger von Syrien war. Und jedermann ging, dass er sich schätzen ließe, ein jeglicher in seine Stadt.
Da machte sich auch auf Joseph aus Galiläa, aus der Stadt Nazareth, in das jüdische Land zur Stadt Davids, die da heißt Bethlehem, darum dass er von dem Hause und Geschlechte Davids war, auf dass er sich schätzen ließe mit Maria, seinem vertrauten Weibe, die war schwanger. Und als sie daselbst waren, kam die Zeit, dass sie gebären sollte. Und sie gebar ihren ersten Sohn und wickelte ihn in Windeln und legte ihn in eine Krippe; denn sie hatten sonst keinen Raum in der Herberge.
Und es waren Hirten in derselben Gegend auf dem Felde bei den Hürden, die hüteten des Nachts ihre Herde. Und siehe, des Herrn Engel trat zu ihnen und die Klarheit des Herrn leuchtete um sie, und sie fürchteten sich sehr. Und der Engel sprach zu ihnen: Fürchtet euch nicht! Siehe, ich verkündige euch große Freude, die allem Volk widerfahren

wird; denn euch ist heute der Heiland geboren, welcher ist Christus, der Herr, in der Stadt Davids. Und das habt zum Zeichen: Ihr werdet finden das Kind in Windeln gewickelt und in einer Krippe liegen. Und alsbald war da bei dem Engel die Menge der himmlischen Heerscharen, die lobten Gott und sprachen: Ehre sei Gott in der Höhe und Friede auf Erden und den Menschen ein Wohlgefallen!
Und da die Engel von ihnen gen Himmel fuhren, sprachen die Hirten untereinander: Lasst uns nun gehen gen Bethlehem und die Geschichte sehen, die da geschehen ist, die uns der Herr kundgetan hat. Und sie kamen eilend und fanden beide, Maria und Joseph, dazu das Kind in der Krippe liegen. Da sie es aber gesehen hatten, breiteten sie das Wort aus, welches zu ihnen von diesem Kinde gesagt war. Und alle, vor die es kam, wunderten sich der Rede, die ihnen die Hirten gesagt hatten. Maria aber behielt alle diese Worte und bewegte sie in ihrem Herzen. Und die Hirten kehrten wieder um, priesen und lobten Gott um alles, was sie gehört und gesehen hatten, wie denn zu ihnen gesagt war.

Die Weihnachtsgeschichte nach dem Lukasevangelium 2,1–20

Weihnachten!

Gottes Liebe bekommt in Jesus

Hand und Fuß.

Friede und Geborgenheit

sind zum Greifen nahe.

Peter Hahne

Zum ersten Mal

Es muss im Jahre 1912 gewesen sein, am 23. Dezember. Wir fuhren von Göttingen bis Eichenberg mit der Bahn, ein Dutzend Jungen, die dem Alt-Wandervogel angehörten, und wateten dann durch den hohen Schnee querfeldein auf die Burgruine Hanstein zu. Noch war sie nicht in Sicht. Wir zogen über Berg und Tal, durch Wälder, durch Schluchten und an Hängen hin. Manchmal gab es kleine Raufereien, der eine und andere wurde im Schnee herumgewälzt und »gewaschen«. Wenn das Gelände es zuließ, fassten wir Tritt und sangen. Die Sonne schien matt durch den Frostrauch, der über der Erde stand. Schweigend lagen die Dörfer im Grunde. Höchstens, dass einmal ein Hundegebell an unser Ohr drang. Wir zogen dahin, sangen und waren guten Mutes.

Damals hatte das Wanderwesen gerade begonnen, die Jugend zu verlocken. Jede Fahrt bedeutete ein Abenteuer. Jugendherbergen gab es noch nicht. Und wenn es sie gegeben hätte, wären wir an ihnen vorbeigegangen. Noch lag der Glanz des Neuen, ja des Unerhörten über allen Unternehmungen. Man entdeckte die Landschaft, die Freiheit, die Lieder, die Spiele, die Tänze, die Freunde, sich selbst,

die Welt, alles. Ich war damals vierzehn Jahre alt und erst wenige Wochen bei der Gruppe. Wir dachten nicht viel über das Leben nach, aber wir lebten. Gerade weil wir nicht über das Leben nachdachten, lebten wir. Wir waren ein Teil des Lebens. Ich fürchte, die klugen jungen Menschen von heute würden nicht viel von uns gehalten haben. Wir von ihnen übrigens auch nicht.
Um die Abenddämmerung erreichten wir die Ruine. Und alsbald begann im Saal, den eine Balkendecke, verglaste Fenster und ein offener Kamin bewohnbar machten, eine bewegende und erregende Weihnachtsfeier. Für mich war sie deshalb so bewegend, weil fast alles, was geschah, unter dem verklärten Zeichen des »Zum ersten Mal« stand. Zum ersten Mal sah ich einen Weihnachtsbaum, der keinen anderen Schmuck als einige Kerzen trug und mit seinem weit ausladenden, stark duftenden Gezweig so waldhaft, so unberührt wirkte. Zum ersten Mal vernahm ich die Weihnachtsgeschichte in der großen, männlichen Sprache des Heliand-Dichters. Zum ersten Mal ließ die zärtliche, von Geigen und Blockflöten umjubelte Melodie des »Susani, susani« mein Herz erbeben. Zum ersten Mal erfuhr ich, was das ist, eine Gemeinschaft. Zum ersten Mal war ich nicht mehr allein. Und dann kam noch ein anderes, ein unvergessliches »Zum ersten Mal«.

Ehe wir uns im aufgeschütteten Stroh schlafen legten, tastete ich mich die dunkle Stiege im Turm empor. Als ich oben ins Freie trat, flimmerte ein winterlich klarer Sternenhimmel über mir. Ich erkannte den Orion, den Fuhrmann, den Großen Bären, ich erkannte Perseus, den ich vor allen anderen liebte, Andromeda, Kepheus und Kassiopeia. Zu meinen Füßen lagen die verschneiten Bergrücken und Wälder. Dort unten im Tal strömte die Werra. Jenseits erhob sich der Ludwigstein, damals noch eine unbekannte Burg. Nahebei dunkelten die Häuser des Dorfes. Unmittelbar unter mir dämmerte hinter den Fenstern des Saales ein rötlicher Kerzenschein. Dort summten und sangen die Kameraden. Und da überkam mich plötzlich ein Glücksgefühl von geradezu mystischer Tiefe. Wie traumverloren war das mattsilberne Bergland mit seinen Schatten, wie geheimnisvoll die Grenzenlosigkeit der Nacht mit den strahlenden Sternbildern. Wie abgründig das Schweigen ringsumher. Wie liebte ich das alles. Wie liebte ich die Welt.
Aber seltsamerweise brachte das Glück, das Übermaß von Glück, keinen Frieden in meine Seele, sondern eher Unruhe und Traurigkeit. Es war das Glück, ohne Frage. Ich glaubte sogar zu wissen, dass ich nie wieder so glücklich sein könne wie in dieser Stunde. Und doch war es nicht genug. Es fehlte etwas. Ich zitterte vor Glück und ich zit-

terte gleichzeitig vor Ungenügen und Sehnsucht. Eine Ahnung überkam mich, dass nichts, was ein Mensch auf Erden erlebt, imstande ist, die Ruhelosigkeit in ihm zu stillen. Auch in ihrer schönsten Schönheit war die Welt nicht vollkommen, nicht heil, nicht tröstlich im Letzten. Es gab etwas in mir, in meinem bebenden Jungenherzen, das sich über den flimmernden Glanz der Welt, über jedes Maß an irdischer Seligkeit hinaus nach einer Seligkeit und Schönheit und Wahrheit verzehrte, die ohne die rätselhafte Friedlosigkeit, ohne die Gebrochenheit, ohne das Ungenügen sein sollte.

In jener Nacht auf dem Turm der Burg Hanstein erfuhr ich zum ersten Mal, unbestimmt nur und jungenhaft, wie es ist, wenn ein Mensch von einem Verlangen nach dem Unendlichen oder nach Gott durchflutet wird.

Manfred Hausmann (1898–1986)

Weihnachten!
Jesus kommt in unsere Nacht,
damit wir in sein Licht kommen können.

Peter Hahne

Neue Erfindung

Hab eine neue Erfindung gemacht, Andres, und soll dir hier so warm mitgeteilt werden.

Du weißt, dass in jeder gut eingerichteten Haushaltung kein Festtag ungefeiert gelassen wird und dass ein Hausvater zulangt, wenn er auf eine gute Art und mit einigem Schein des Rechtes einen neuen an sich bringen kann. So haben wir beide außer den respektiven Geburts- und Namenstagen schon verschiedene andre Festtage an unsern Höfen eingeführt, als das *Knospenfest,* den *Widderschein,* den *Maimorgen,* den *Grünzüngel,* wenn die ersten jungen Erbsen und Bohnen gepflückt und zu Tisch gebracht werden sollen, und so weiter.

Nun ist wohl wahr, dass der Sommer und sonderlich das Frühjahr viel schön sind. […] Und also sind die Frühlings- und Sommerfesttage gar sehr am rechten Ort, ich habe nichts dawider. Es ist mir aber doch immer schon vorgekommen, dass im Herbst und Winter auch was zu machen wäre, nur habe ich die Sache noch nie recht ins Klare bringen können.

Gestern aber, wie das mit den Erfindungen ist: Man findet sie nicht, sondern sie finden uns, gestern, als ich im Garten

gehe und an nichts weniger denke, schießen mir mit einmal zwei neue Festtage aufs Herz, der *Herbstling* und der *Eiszäpfel,* beide gar erfreulich und nützlich zu feiern.
Der *Herbstling* ist nur kurz und wird mit Bratäpfeln gefeiert. Nämlich: Wenn im Herbst der erste Schnee fällt, und darauf muss genau achtgegeben werden, nimmt man so viel Äpfel, als Kinder und Personen im Hause sind, und noch einige darüber, damit, wenn etwa ein Dritter dazukäme, keiner an seiner quota gekürzt werde, tut sie in den Ofen, wartet, bis sie gebraten sind, und isst sie denn.
So simpel das Ding anzusehen ist, so gut nimmt sich's aus, wenn's recht gemacht wird. Dass dabei allerhand vernünftige Diskurse geführt, auch oft in den Ofen hineingekuckt werden muss etc., versteht sich von selbst.
Und so viel vom *Herbstling.*
Der *Eiszäpfel* will nun wieder ganz anders traktiert sein und hat seine ganz besondre Nücken. Mancher denkt wohl: Wenn er Eiszapfen am Dach sieht, könne er nur gleich anfangen zu feiern; aber weit gefehlt, es wird mehr dazu erfordert. Der *Eiszäpfel* kann durchaus ohne einen Schneemann nicht gefeiert werden und dazu muss erst Schnee sein und Tauwetter kommen, dass der Schneemann gemacht werden kann, und wenn er gemacht ist und vor dem Fenster steht, muss es wieder frieren, dass Eiszapfen

am Dach werden, einer halben Elle lang und nicht länger und nicht kürzer usw. Das sind die Präliminarartikel und die conditio sine qua non.
Was sagst du nun? Gelte, das ist 'n intrikates Fest! Es geht auch mancher Winter darüber hin, ohne dass eins zustande kommen kann. Wenn nun aber obige Umstände alle eingetreten sind und sonst kein merkliches Hindernis im Wege ist, so kannst du denn zwischen drei und vier Uhr nachmittags das Fest angehen lassen, das NB von Anfang bis zu Ende mit trockenem Munde gefeiert wird. Nach vier, wenn's dunkel geworden ist, wird eine Laterne in den hohlen Kopf des Schneemannes getan, dass das Licht durch die Augen und den Mund herausscheint – und dann geht Groß und Klein auf und ab im Zimmer und sieht aus dem Fenster unter den Eiszapfen hin nach dem Schneemann und denkt dabei an einen andern Schneemann, ein jeder, nach dem ihm der Schnabel gewachsen ist, und das ist der höchste Moment der Feier.
Lebe wohl, lieber Andres, und feire fleißig alle Festtage und Heilige Abende, bis der rechte Heilige Abend anbricht.
Den 3. Oktober, 1782.
Dein etc.

Matthias Claudius (1740–1815)

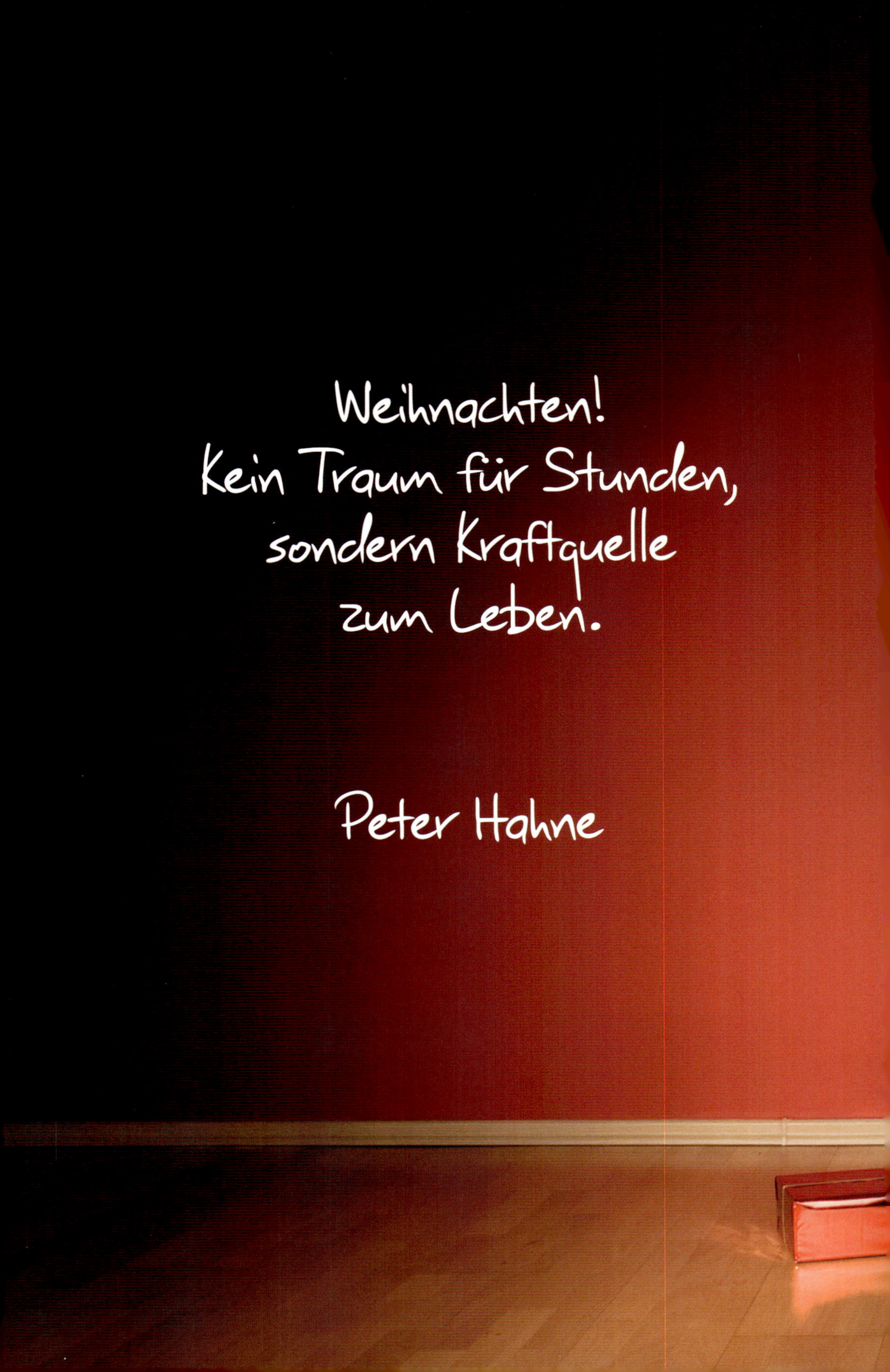
Weihnachten!
Kein Traum für Stunden,
sondern Kraftquelle
zum Leben.
Peter Hahne

Die häuslichen Feste

[…] Der Mahnung des Boten von Wandsbeck [Matthias Claudius], dass in jeder gut eingerichteten Haushaltung kein Festtag ungefeiert bleiben und dass jeder Hausvater alle Festtage und Heilige Abende recht feiern soll, bis der rechte Heilige Abend anbricht, stimmt Hausfreund bei – und beginnt, den Herbstling und Eiszäpfel in allen Ehren, besser mit einer Aufmunterung zu einer recht fröhlichen, häuslichen Feier des heiligen Weihnachtsfestes.
Die Weise, wie das Weihnachtsfest an dem deutschen Familienherd gefeiert wird, ist ein rechter Beleg dazu, wie das Christentum alle Volkssitten und Feste nicht einfach unterdrückt, sondern sie geheiligt und verklärt hat. – Als die Männer mit geschorenen Häuptern, in grauen Pilgerkleidern und mit Stricken um die Lenden – die angelsächsischen Predigermönche – hier in unsern deutschen Wäldern, wo unsere Vorväter den Wolf und Bären jagten, die Predigt von dem Kindlein zu Bethlehem anhuben, da fanden sie zum heil. Weihnachtsfeste schon ein Fest bei uns vor, dessen Spuren, Anzeichen noch heutzutage übrig geblieben sind.
Unsere Voreltern, die alten Germanen, kannten, wie uns

der römische Schriftsteller Tacitus mitteilt, nur drei Jahreszeiten Winter, Frühling und Sommer; hauptsächlich aber teilte man das Jahr in eine dunkle und helle Hälfte. Hatte das goldstrahlende Sonnenrad am 21. Dezember seinen tiefsten Standpunkt erreicht und lebte nun die Hoffnung neu auf, dass es bald wieder emporzusteigen beginne, dann feierten die nordischen Völker ihr schönstes Fest, das Fest der Sonnenwende oder, wie sie es nannten, das »Jul«, das ist das Rad der Sonne. Zwölf Tage lang dauerte diese Feier. Man sah die Zeit als eine wundervolle an und glaubte, dass die schlafende Erde auf einen Augenblick erwache, dass die Apfelbäume blühten und der Hopfen seine Sprossen treibe. Alle Feinde machten während dieses Festes Frieden, alle Fehden ruhten; große Gastmähler wurden gehalten, bei denen jeder Fremdling, jeder Arme willkommen war – Geschenke warf man sich sorgfältig verpackt in die Häuser und entfloh eilig, um nicht gesehen zu werden. – Auf dem Herde brannte ein großer Holzblock zu Ehren des Sonnengottes Freyr, der, wie man sich vorstellte, auf einem goldborstigen Eber, »Gullinbursti« oder Slidhrugtani, d. h. Spitzzahn, duch Luft und Wasser reitet. Rings auf den Höhen wurde Feuer angezündet und dem Sonnengotte Opferspenden, Äpfel und Nüsse etc., dargebracht, damit er mit seiner Wärme aufs Neue Segen und Fruchtbarkeit über

das Jahr bringe. Vor und in den Häusern aber stellte man grüne Tannenbäume auf zum Schmuck des Festes. Wald und Bäume waren ja bei den alten Germanen heilig; der Wald war ihr Heiligtum und das Wort Tempel bedeutet ursprünglich Wald. So durfte denn der grüne Wald, dessen man sich in dieser Jahreszeit nicht wie sonst freuen konnte, diesem winterlichen Feste nicht fehlen.
Wir sehen überall in unsern deutschen Weihnachtsfesten noch Erinnerungen an das Julfest unserer heidnischen Väter. In Pommern wirft man sich noch heute wie bei der alten Julfeier heimlich Geschenke ins Haus und ruft dabei: »Julklapp«, um alsdann eilig zu entfliehen. In England verspeisen die Nachkommen der alten Angelsachsen heute noch zu Weihnachten einen Eberbraten wie in der Uckermark einen Schweinskopf, welche als Überbleibsel von dem Juleber zu betrachten sind. In dem Schenken von Äpfeln und Nüssen sind die Opferspenden zu erkennen, welche man dem Sonnengott darbrachte, vor allem ist es ja der grüne Tannenbaum mit seinen Lichtern, der sich im ganzen deutschen Vaterlande am Weihnachtsabend behauptet hat.
Aber freilich musste es ein anderes Licht sein als das natürliche Sonnenlicht, das die Finsternis vertreiben und wahrhaftig bleibende Freude bringen konnte, denn Finsternis bedeckte das Erdreich und Dunkel die Völker und da half

kein Sonnendienst, da musste jenes Licht kommen, von dem der Prophet schreibt: »Mache dich auf und werde Licht, denn dein Licht kommt und die Herrlichkeit des Herrn geht auf über dir und die Heiden werden in deinem Lichte wandeln und die Könige im Glanz, der über dir aufgehet.«
Und das Hoffen und Sehnen der Völker ward gestillt und auch über Deutschlands Wäldern ist der Stern aus Jakob, die Sonne der Gerechtigkeit, aufgegangen und wir feiern nun nicht mehr wie unsere heidnischen Väter das Fest der neugebornen Sonne, sondern, wie Augustinus in einer Weihnachtspredigt sagt, den Geburtstag dessen, der die Sonne geschaffen hat, und wir singen nun mit dem Dichter in der Weihnachtsnacht:

Dies ist die Nacht, da mir erschienen
des großen Gottes Freundlichkeit,
das Kind, dem alle Engel dienen,
bringt Licht in meine Dunkelheit.
Und dieses Welt- und Himmelslicht
weicht hunderttausend Sonnen nicht.

Friedrich von Bodelschwingh (der Ältere 1831–1910), in: »Westfälischer Hausfreund«, 17. Dezember 1865

Weihnachten!
Christus kommt in Raum und Zeit,
damit wir ihm in unseren Herzen
Raum geben können.

Peter Hahne

Aus dem Tagebuch von Jochen Klepper

(1903–1942)

17. Dezember 1933

Wie immer um das zu Ende gehende Jahr bringe ich alle schwebenden Angelegenheiten und Arbeiten, soweit ich darin unabhängig bin und soweit es auf mich ankommt, zum Abschluss. Dieses große Fest, das vor einem liegt, drängt zu aller Art von Vorbereitung und nimmt einen in allen Bezirken seines Wesens und seiner Lebensweise gefangen; was auch war, was auch kommen mag, es dringt von Jahr zu Jahr tiefer in einen und als Erwachsener vermag man nicht mehr das Kinderfest in ihm zu sehen, ja es ist, als könne nur der Mensch, der viel hinter sich hat, an sich selbst und von anderen erfahren, auch nur entfernt ahnen, was da Jahr um Jahr zu einem reden will. Dabei liegen die Sphäre des Glaubens und die Sphäre der Sitte völlig klar in einem getrennt. Ich kann aus Weihnachten nicht ein Fest der Vergangenheit machen. Jedes Jahr wächst Weihnachten und gibt dem ganzen Jahr ein anderes Licht und rückt zusammen, was man einmal getrennt sah: Weihnachten, Karfreitag und Ostern. […]

21. Dezember 1933
Ganz plötzlich kam der Umschwung der großen Kälte. Dann kam der Wind, wenige Stunden nur ein wärmerer Wind, und einen Abend, einen Morgen fiel der Schnee über unserem lieben Wäldchen – der Schnee, der den Herzen und den Feldern so fehlte. Der Christbaum draußen auf dem Balkon, vor den Fenstern des Bibliothekszimmers, war verschneit – dann taute es in Stamm und Ästen, er wurde dunkler, breiter, als man ihn gekannt, als sollte man noch einmal seine ganze sommerliche Schönheit sehen. Düstere, regnerische Tage, wie der Winter der Bibel beschrieben ist. Welcher Schriftsteller möchte nicht ein Buch vom Wetter schreiben? [...].

23. Dezember 1933
[...] Alles ist bedacht und bereitet, im Haus und Beruf und im Herzen, und nichts bleibt mehr als das Schmücken des Christbaums und das Aufbauen des Weihnachtstisches. Zum Dunkelwerden war ich schon daheim, ich war noch einmal an unserem Garten vorübergegangen, und nun geht es an die schönste Arbeit des Jahres. Die großen Tabletts stehen bereit: mit den Kerzen, den blank geriebenen Äpfeln, dem Zuckerzeug, den Kästen mit dem Christbaumschmuck. In der Küche stehen die Tische voll frisch geputz-

ten Silbers, auf die Leuchter sind neue Kerzen gesteckt. Schränke und Schübe sind verschlossen, die Geschenke geheim zu halten; der Baum steht schon in meinem Zimmer. Und um seinetwillen, so groß und mächtig ist die Tanne, müssen allerlei Veränderungen vorgenommen werden, die mit den vertrauten Sachen der Wohnung doch noch etwas Festlicheres und Neues geben. [...]
Erst um Mitternacht ist der Baum geschmückt. Und schon heute läuteten von der Dämmerung an viele Glocken, bis in den späteren Abend hinein. Wir haben alles so vorbereitet, dass der Tag des Heiligen Abends ohne alle Unrast sein wird. [...]

24. Dezember 1933
Man macht sich leicht den Vorwurf, sich in die pittoresken Dinge des Weihnachtsfestes zu verlieben. Aber es steht doch mehr dahinter, wenn man die lieben Züge jeder Stunde festhalten möchte: nämlich das Erstaunen, dass nach allen Leiden und Zerstörungen eines Jahres so viel Freude, Wärme, Behagen, Glanz wiederkehrt. [...]
Um Weihnachten erweist sich, ob man vergrämt, verbittert, hoffnungslos ist oder ob das Leben und Gott, der es uns gab, einen ganz besitzen. –

* * *

11. Dezember 1934

Nun, wo es wieder auf das große Fest zugeht, ist der Wechsel von Ruhe- und Arbeitstag gar nicht so unwillkommen.

Ich las heut in meinem Tagebuch vom vorigen Jahr. Begegnet einem auch manche Verlogenheit und sehr viel Stimmung – es hat sich im Guten und Bösen nicht gar zu viel geändert von einem Weihnachten und Jahresende zum anderen. Es wird diesmal keine große Rückschau bei mir geben. Ich kann nicht mehr nach Verlust und Gewinn, Fortschritt und Rückfall wägen. Ich frage nur noch, ob die Zeit, die man wieder weiterleben durfte, ihren Niederschlag fand. Eins, das weiß ich, habe ich neu gelernt: die Führungen Gottes im fremden Leben genauso zu spüren wie in der Betrachtung, der selbstgefälligen, des eigenen.

Vor Gott verstumme ich immer mehr. Weihnachten, Karfreitag, Ostern, Pfingsten – Sünde und Gnade, Verwerfung und Erwählung, Leib und Seele – von alledem muss ich immer mehr schweigen. Mit diesen Zeichen, Grenzen, Bildern, Umschreibungen als einem Fundament seines Lebens existieren zu können ist wohl eins der Kriterien des Glaubens. Gott weiß: Mehr können wir nicht fassen. […]

16. Dezember 1934

[…] Zum Christbaumkauf. Ein arger Wucher, rüder Handel. Aber nun steht ein ganz ansehnlicher Baum auf dem Balkon, nachdem es mit Hanni schon so weit war, dass sie dieses Jahr nicht einmal den Baum im Hause wissen wollte. Ich hörte heut zum ersten Mal die Predigt eines der neuen »Deutschen Christen«. Da habe ich mit einem Schlage begriffen, dass es so etwas geben konnte wie die Salzburger Emigranten.

21. Dezember 1934
Das merke ich immer stärker, wenn ein Jahr zu Ende geht: Bilanzen zu ziehen, Termine zu setzen und Ziele zu stecken – das ist Gottes Sache; und er erledigt alles das recht im Geheimen. Ob man am Schluss die Ordnung sieht, die Gott in unserem Leben hielt? Oder ist auch das viel, viel zu eng gedacht?

23. Dezember 1934
Wäre nicht heut der Tag vor dem Heiligen Abend ein Sonntag – ich wüsste nicht, wie ich noch meine Weihnachtsvorbereitungen hätte treffen sollen – so viele Überstunden waren jeden Tag bei Ullstein. – So aber konnte ich heut nach der Kirche den Christbaum in Muße schmücken wie in jedem Jahr, den Engeln in der Wohnung ihre Tannenzweige geben, Hannis Weihnachtstisch aufbauen – alles andere ist Hannis Werk.

24. Dezember 1934

[…] Südende tief verschneit, an den Laternen Eiszapfen – der warme Vorwinter wie längst vergessen. […] Reni begleitete mich in die Kirche; unterwegs sah man schon viele Christbäume brennen; in der Kirche standen die Menschen bis zum Altar. Eine sehr ernste und gute Predigt. Der Heimweg schon in hohem Schnee. Gerade als das große Läuten um sieben Uhr begann, bescherten wir ein. Auf pittoresken Schmuck hatten wir diesmal verzichtet. Aber der Baum war wunderbar und alle alten Engel in der Diele und den Stuben hielten Tannenzweige oder Kerzen. Nur auf der Abendtafel die roten und goldenen Bänder. […]

Ein stiller Abend. In den Fenstern rund ums Wäldchen die brennenden Bäume, bis tief in die Nacht Schneefall und Glocken; man schämte sich der Ängste und Bitterkeiten des vorangegangenen Jahres. […]

Weihnachten!

Frohbotschaft und Trostbotschaft:

Fürchtet euch nicht!

Weihnachten verwandelt

Heidenangst in Christusfreude.

Peter Hahne

Die drei dunklen Könige

Er tappte durch die dunkle Vorstadt. Die Häuser standen abgebrochen gegen den Himmel. Der Mond fehlte und das Pflaster war erschrocken über den späten Schritt. Dann fand er eine alte Planke. Da trat er mit dem Fuß gegen, bis eine Latte morsch aufseufzte und losbrach. Das Holz roch mürbe und süß. Durch die dunkle Vorstadt tappte er zurück. Sterne waren nicht da.
Als er die Tür aufmachte (sie weinte dabei, die Tür), sahen ihm die blassblauen Augen seiner Frau entgegen. Sie kamen aus einem müden Gesicht. Ihr Atem hing weiß im Zimmer, so kalt war es. Er beugte sein knochiges Knie und brach das Holz. Das Holz seufzte. Dann roch es mürbe und süß ringsum. Er hielt sich ein Stück davon unter die Nase. Riecht beinahe wie Kuchen, lachte er leise. Nicht, sagten die Augen der Frau, nicht lachen. Er schläft.
Der Mann legte das süße mürbe Holz in den kleinen Blechofen. Da glomm es auf und warf eine Handvoll warmes Licht durch das Zimmer. Die fiel hell auf ein winziges rundes Gesicht und blieb einen Augenblick. Das Gesicht war erst eine Stunde alt, aber es hatte schon alles, was dazugehört: Ohren, Nase, Mund und Augen. Die Augen

mussten groß sein, das konnte man sehen, obgleich sie zu waren. Aber der Mund war offen und es pustete leise daraus. Nase und Ohren waren rot. Er lebt, dachte die Mutter. Und das kleine Gesicht schlief.

Da sind noch Haferflocken, sagte der Mann. Ja, antwortete die Frau, das ist gut. Es ist kalt. Der Mann nahm noch von dem süßen weichen Holz. Nun hat sie ihr Kind gekriegt und muss frieren, dachte er. Aber er hatte keinen, dem er dafür die Fäuste ins Gesicht schlagen konnte. Als er die Ofentür aufmachte, fiel wieder eine Handvoll Licht über das schlafende Gesicht. Die Frau sagte leise: Kuck, wie ein Heiligenschein, siehst du? Heiligenschein!, dachte er und er hatte keinen, dem er die Fäuste ins Gesicht schlagen konnte.

Dann waren welche an der Tür. Wir sahen das Licht, sagten sie, vom Fenster. Wir wollen uns zehn Minuten hinsetzen.

Aber wir haben ein Kind, sagte der Mann zu ihnen. Da sagten sie nichts weiter, aber sie kamen doch ins Zimmer, stießen Nebel aus den Nasen und hoben die Füße hoch. Wir sind ganz leise, flüsterten sie und hoben die Füße hoch. Dann fiel das Licht auf sie.

Drei waren es. In drei alten Uniformen. Einer hatte einen Pappkarton, einer einen Sack. Und der Dritte hatte keine

Hände. Erfroren, sagte er und hielt die Stümpfe hoch. Dann drehte er dem Mann die Manteltasche hin. Tabak war darin und dünnes Papier. Sie drehten Zigaretten. Aber die Frau sagte: Nicht, das Kind.
Da gingen die vier vor die Tür und ihre Zigaretten waren vier Punkte in der Nacht. Der eine hatte dicke umwickelte Füße. Er nahm ein Stück Holz aus seinem Sack. Ein Esel, sagte er, ich habe sieben Monate daran geschnitzt. Für das Kind. Das sagte er und gab es dem Mann. Was ist mit den Füßen?, fragte der Mann. Wasser, sagte der Eselschnitzer, vom Hunger. Und der andere, der Dritte?, fragte der Mann und befühlte im Dunkeln den Esel. Der Dritte zitterte in seiner Uniform: Oh, nichts, wisperte er, das sind nur die Nerven. Man hat eben zu viel Angst gehabt. Dann traten sie ihre Zigaretten aus und gingen wieder hinein.
Sie hoben die Füße hoch und sahen auf das kleine schlafende Gesicht. Der Zitternde nahm aus seinem Pappkarton zwei gelbe Bonbons und sagte dazu: Für die Frau sind die. Die Frau machte die blassen blauen Augen weit auf, als sie die drei Dunklen über das Kind gebeugt sah. Sie fürchtete sich. Aber da stemmte das Kind seine Beine gegen ihre Brust und schrie so kräftig, dass die drei Dunklen die Füße aufhoben und zur Tür schlichen. Hier nickten sie noch mal, dann stiegen sie in die Nacht hinein.

Der Mann sah ihnen nach. Sonderbare Heilige, sagte er zu seiner Frau. Dann machte der die Tür zu. Schöne Heilige sind das, brummte er und sah nach den Haferflocken. Aber er hatte kein Gesicht für seine Fäuste.
Aber das Kind hat geschrien, flüsterte die Frau, ganz stark hat es geschrien. Da sind sie gegangen. Kuck mal, wie lebendig es ist, sagte sie stolz. Das Gesicht machte den Mund auf und schrie.
Weint er?, fragte der Mann.
Nein, ich glaube, er lacht, antwortete die Frau.
Beinahe wie Kuchen, sagte der Mann und roch an dem Holz, wie Kuchen. Ganz süß.
Heute ist ja auch Weihnachten, sagte die Frau.
Ja, Weihnachten, brummte er und vom Ofen her fiel eine Handvoll Licht hell auf das kleine schlafende Gesicht.

Wolfgang Borchert (1921–1947)

Weihnachten!
Grenzenlose Freude
für uns
begrenzte Menschen.
Peter Hahne

Aus den Weihnachtsbriefen von Theodor Fontane

(1819–1898)

Lieber Storm.

[…] Was Ihre freundliche Einladung auf einen der Feiertage angeht, so muss ich leider die abschlägigen Antworten, die jetzt zwischen Berlin und Potsdam an der Tagesordnung sind, um eine vermehren. Mein Vater kommt, dazu ein Freund aus Rostock; beiden kann ich mich nicht gut entziehn, vielmehr muss ich den Wirt machen. Es ist ohnehin schwer an solchen Tagen, wo auch die langweiligsten Vettern auf eben ihre Vetterschaft pochen und einem die Türen einrennen – sich überhaupt flottzumachen. – So denn zunächst »Frohe Feiertage!« und »Viel Glück zum neuen Jahr!«, hinterher aber die Versicherung, dass ich am 7. zur Rütlisitzung pünktlich bei Ihnen einspringen werde, und wenn ich der Einzige sein sollte. […]

An Theodor Storm, 21. Dezember 1853

Meine liebe, gute Mama.

Der Ceremonienmeister des diesmaligen Weihnachtsfestes hat angeordnet: »Die Herrn erscheinen mit leeren Händen; die Damen schließen sich den Herren an.« So stehn die

Sachen; aber wenigstens mit leerem Herzen wollen wir nicht kommen, und so nimm wenigstens unsre herzlichsten Glückwünsche entgegen. Wir werden den Heiligabend natürlich »im engsten Zirkel« zubringen und die Heiterkeit der Kinder wird ersetzen müssen, was sonst wohl fehlt. Glücklicherweise sind wir beide nicht so geartet, dass die Abwesenheit von Samt und Seide uns besonders bedrückt. [...]

An Emilie Fontane (Mutter), 21. Dezember 1859

Mein lieber Paolo.

Eigentlich sollten diese Zeilen am 24ten bei Dir eintreffen, ich besann mich aber noch zur rechten Zeit und unterließ einen faux pas, denn es ist anmaßlich, am Weihnachtheiligabend mit Briefen bei jemand einzubrechen, als betrachte man das vollgekritzelte Papier wie ein nicht übles Geschenk, das after all auf dem Bescherungstische des Freundes nicht fehlen dürfe. [...]

An Paul Heyse, 23. Dezember 1860

Sehr geehrter Herr Hertz.

Pardon, dass ich Ihnen in der Unruhe dieser Weihnachtstage auch noch meinerseits mit einer Bitte beschwerlich falle. Ich kann es aber, um nicht eventuell in Verlegenheit

zu geraten, nicht weiter hinausschieben. Darf ich zum 2. oder 3. Januar oder doch in der ersten Januarwoche, à Conto meines seit zwölf Jahren in der Luft schwebenden, Gott sei Dank jetzt bis zu den Schlusskapiteln vorgerückten Romans, abermals einen Vorschuss von 300 Talern empfangen? Ich hoffe, mich dann mit dem, was ich noch vom »Daheim« erhalte, bis Ende Mai durchzuschlagen. In Ihrer gef. Antwort bitt ich freundlichst, der früher von mir empfangenen 1000 Mark, die noch immer ein süßes Geheimnis für meine Frau sind, *nicht* erwähnen zu wollen. Ich will ihr davon erst erzählen, wenn mal ein Glück kommt. Also vielleicht nie. In aufrichtiger Ergebenheit, ohne weitre Behelligung mit Festtagswünschen, Ihr
Th. Fontane
An Wilhelm Hertz, 21. Dezember 1877

Meine liebe Lise.
Das Fest ist vor der Tür, und da will ich denn unter den weihnachtlich Anklopfenden nicht fehlen. Ist auch der Quersack ganz unruprechtsmäßig dünn, so wird man doch in sonstiger Erscheinung dem alten Jungen immer ähnlicher und bringt sein Teil Weiß mit, auch ohne Schneeflocken im Bart. Möge das Fest Dir, Weber und natürlich vor allem

den Kindern in herzlicher Freude vergehn; wenn man, wie seit gestern, von *denen* in den Zeitungen liest, die vier Weihnachtsfeste hintereinander im Polarmeer zugebracht haben und wahrscheinlich nichts aufgebaut kriegten als einen neuen Eisberg und einen neuen Eisbären, so beschließt man unwillkürlich, mit einem Thorner Pfefferkuchen und einem Königsberger Marzipanherzen zufrieden [zu] sein. Für mich persönlich wenigstens kann ich einstehn. Erfülle mit dem Beifolgenden ein paar Wünsche der Kinder, soweit sie noch nicht erfüllt sind, und sei samt all den Deinen herzlich von uns gegrüßt. Wie immer Dein alter

Th. Fontane

An Elise Weber geb. Fontane, 22. Dezember 1881

Mein lieber Friedel!

In der Weihnachtsreisefrage habe ich es übernommen, Dir zu schreiben. In erster Reihe halte ich es für besser, Du kommst nicht, es ist doch kostspielig, dabei nur kurze Zeit, Erkältung möglich, ja wahrscheinlich; außerdem soll man solche Dinge nicht zu sehr aufs Gefühlvolle stellen; ist Dir aber andererseits zu heimwehig ums Herz, so sollen Dir die 30 Mark gern zur Verfügung gestellt werden, d. h. also ohne alle nachträglichen Redensarten. Dein praktischer

Sinn wird das Richtige wählen, wobei ich das Kommen eventuell ebenso gut rechne wie das Nichtkommen. Denn auch seinem Heimweh gehorchen kann praktisch sein. Tante Witte ist heute zu Tisch bei uns, eben soll es losgehen – wir essen einen Hasen, den *George* geschickt hat. 1000 Grüße. Wie immer Dein alter

Papa.

An Friedrich Fontane, 1. Dezember 1884

Mein lieber Friedel.

Mamas Weihnachtskiste ist hoffentlich schon in Deinen Händen, und von mir sollen Dir wenigstens die herzlichsten Wünsche nicht fehlen. Ich denke mir, dass Du morgen den Tag über noch viel zu tun haben und den Abend halb bei Deinem Chef, halb bei Baltzens (denen wir uns angelegentlichst empfehlen) zubringen wirst. Wo's aber auch sei, sei heiter und vergnügt und nimm teil an der Freude der andern. Dabei fällt dann immer auch etwas eigne Freude ab. Hier sieht es leidlich aus; das polnische Mädchen, das wir haben, befriedigt zwar nur unvollkommen, aber als Polin kann sie wenigstens Karpfen kochen, was ja in der Weihnachtszeit etwas bedeutet. Gestern hat sie sich dadurch in momentane Gunst hineingekocht. […] Von Steffens habe ich für

ein paar Freunde einige Petöfy-Exemplare besorgt; das einzige bewährte Mittel zum Absatz meiner Bücher – ich muss sie selber kaufen. […]
Nochmals: Habe einen frohen Tag, einen glücklichen Abend. Bei dem bekannten Sherrypunsch, wo wir Dich und Deine Rede vermissen werden, werden wir Deiner in Liebe gedenken. Wie immer Dein alter
Papa.
An Friedrich Fontane, 23. Dezember 1884

Mein lieber, alter Theo.
[…] Strengt Euch nur nicht mit Weihnachtsgeschenken an, jede Mark ist weggeworfen; man muss mit solchen alten Geschichten brechen, wenn man nicht Harun al Raschid oder Bleichröder ist.
Wie immer Dein alter
Papa.
An Theodor Fontane (Sohn), 13. Dezember 1886

Weihnachten!
Gott wird im Kleinsten
am allergrößten.

Peter Hahne

Das Evangelium in der Christmess

Es ist geschrieben Haggai 2 [Verse 7 und 22], dass Gott spricht: »Ich will bewegen Himmel und Erden, wenn da kommen wird, des alle Leut' begehren.« Das ist heut erfüllet: Da haben sich die Himmel bewegt – das ist die Engel, die im Himmel sind – und mit Gesang Gott gelobt. Und die Erde – das ist die Menschen auf Erden –, dass sich jedermann aufgemacht hat und ist ein Reisen gewest, da in ein' Stadt, hie in ein' Stadt, im ganzen Land, wie das Evangelium sagt. [...]

Das Evangelium ist so klar, dass es nicht viel Auslegens bedarf, sondern es will nur wohl betracht', angesehen und tief zu Herzen genommen sein. [...]

Zum Ersten: Siehe, wie gar schlicht und einfältig die Ding' zugehen auf Erden und doch so groß gehalten werden im Himmel. Auf Erden gehet es also zu: Da ist ein arm, jungs Weiblein, Maria, zu Nazareth, gar nichts geacht' und unter die geringesten Bürgerinnen der Stadt gehalten. Da wird niemand gewahr des großen Wunders, das sie trägt; sie schweigt auch still, nimmt sich's nichts an, hält sich für die Geringste in der Stadt. Sie macht sich auf mit ihrem Hausherrn Josef, haben vielleicht kein Magd noch Knecht, son-

dern er ist Herr und Knecht, sie Frau und Magd im Haus, haben also das Haus lassen stehen oder andern befohlen. Nu lass sein, sie haben einen Esel gehabt, darauf Maria gesessen sei, wiewohl das Evangelium nichts davon sagt und glaublich ist, sie sei zu Fuß gegangen mit Josef. Denk, wie sie unterwegs in Herbergen veracht' gewesen, die doch würdig war, dass man sie mit gülden Wagen und aller Pracht geführt hätte. Wie viel sind wohl der großen Herren Weiber und Töchter zu der Zeit gewesen in gutem Gemach und großem Ansehen, dieweil hie diese Gottesmutter mitten im Winter zu Fuß mit schwerem Leib über Feld reitet. Wie ungleich geht es zu! […]
Da sie nu gen Bethlehem kommen, zeigt der Evangelist, wie sie die Allergeringsten, Verachtetsten sind gewesen. Sie haben jedermann müssen räumen, bis dass sie – in einen Stall geweiset – mit dem Vieh ein' gemein Herberg', gemein Tisch, gemein Kammer und Lager haben müssen annehmen, indes mancher böse Mensch – im Gasthaus obenan gesessen – sich hat wie einen Herrn ehren lassen. Da merkt noch erkennet niemand, was in dem Stall Gott wirkt, lässet die großen Häuser, köstlich Gemach leer bleiben, lässet sie essen, trinken und guten Mut haben, aber dieser Trost und Schatz ist ihnen verborgen. O welch ein' finster Nacht ist über dem Bethlehem das Mal gewesen, die

eines solchen Lichts nicht ist inne worden. Wie zeigt Gott an, dass er so gar nichts acht', was die Welt ist, hat und vermag. Wiederum die Welt beweist auch, wie gar sie nichts erkennet noch achtet, was Gott ist, hat und wirkt! [...] Aber die Geburt ist noch erbärmlicher, dass sich solch eins jungen Weibs, die ihr erst Mal gebären sollt, niemand hat erbarmet, niemand ihren schwangern Leib zu Herzen genommen, niemand angesehen, dass sie in fremden Orten nicht hat das Allermindeste, das einer Kindbetterin not ist, sondern allda ohn' alle Bereitung, ohn' Licht, ohn' Feuer mitten in der Nacht im Finstern allein ist. Niemand beut ihr einigen Dienst an, wie man doch natürlich pflegt schwangern Weibern. Da ist jedermann voll und toll in der Herberg', ein Geschwürm von Gästen aus allen Orten, dass sich dieses Weibs niemand annimmt. [...] Ist's nu nicht alles ein ungelegen Ding, dass Christus im kalten Winter, im fremden Lande, über Feld so verächtlich und so ärmlich geborn wird?

[...]

Was geschieht aber im Himmel über dieser Geburt? So veracht' sie ist auf Erden, so hoch und tausendmal mehr ist sie geehret im Himmel. [...] Siehe, wie gar überreichlich ehret Gott, die da von Menschen verachtet und gern veracht' werden. Da siehest du, wo sein Augen hinsehen, nur in die

Tiefe und Niedrigung, wie geschrieben steht: »Er sitzt über Cherubim und siehet in die Tiefe oder Abgrund.« Die Engel konnten auch keine Fürsten noch Gewaltigen finden, sondern die ungelehreten Laien und allerniedrigesten Leut' auf Erden. Mochten sie nicht die Hohenpriester, die Gelehreten zu Jerusalem ansprechen, die doch viel von Gott und Engeln wissen zu sagen? Nein, es mussten die armen Hirten würdig sein, solch groß Gnad' und Ehre zu haben im Himmel, die auf Erden nichts waren. Wie gar verwirft doch Gott, was hoch ist, und wir toben und rasen nicht denn nach eitler Höhe, auf dass wir ja nicht im Himmel zu Ehren werden. Immer und immer treten wir Gott aus seinem Gesicht, dass er uns ja nicht ansehe in der Tiefe, da er allein hinsiehet.

[…]

Martin Luther (1483–1546), Predigt über Lukas 2,1–14 (Auszug), aus seiner »Kirchenpostille« von 1522

Weihnachten!

Wer sein Herz an Jesus verliert,

hat das Leben gewonnen.

Peter Hahne

In der Welt ist alles nichtig,
nichts ist, das nicht kraftlos wär,
hab ich Hoheit, die ist flüchtig,
hab ich Reichtum, was ist's mehr
als ein Stücklein armer Erd'?
Hab ich Lust, was ist sie wert?
Was ist's, das mich heut erfreuet,
das mich morgen nicht gereuet?

Aller Trost und alle Freude
ruht in dir, Herr Jesu Christ;
dein Erfreuen ist die Weide,
da man satt und fröhlich ist.
Leuchte mir, o Freudenlicht,
ehe mir mein Herze bricht,
lass mich, Herr, an dir erquicken,
Jesu, komm, lass dich erblicken.

Paul Gerhardt (1607–1676), EG 543,2.3

Komm, heiliger Knabe! Hilf der Welt, die birst,
dass sie nicht elend falle! Einziger Retter!
In deinem Schutze blühe mildre Zeit,
die rein aus diesen Freveln sich erhebe …
Es kehre lang erwünschter Friede heim
und brüderliche Bande schlinge Liebe!«
So singt der Dichter und der Seher weiß:
Das neue Heil kommt nur aus neuer Liebe.

Stefan George (1868–1933)

Die Völker haben dein geharrt,
bis dass die Zeit erfüllet ward;
da sandte Gott von seinem Thron
das Heil der Welt, dich, seinen Sohn.

Damit der Sünder Gnad' erhält
erniedrigst du dich, Herr der Welt,
nimmst selbst an unsrer Menschheit teil,
erscheinst im Fleisch und wirst uns Heil.

Jauchzt, Himmel, die ihr ihn erfuhrt,
den Tag der heiligsten Geburt;
und Erde, die ihn heute sieht,
sing ihm, dem Herrn, ein neues Lied!

Dies ist der Tag, den Gott gemacht.
sein werd in aller Welt gedacht;
ihn preise, was durch Jesus Christ
im Himmel und auf Erden ist.

Christian Fürchtegott Gellert (1715–1769),
EG 42,2.4.8.9

Quellen- und Rechtenachweis

Die Texte wurden wo nötig in neue Rechtschreibung übertragen.

S. 6, 8–9: Die Bibel nach der Übersetzung Martin Luthers in der revidierten Fassung von 1912.

S. 12–15: Manfred Hausmann, Gesammelte Werke, [Bd. 15]: Wege und Umwege. Betrachtungen, vom Autor durchgesehene Ausgabe, © 1985 S. Fischer Verlag GmbH, Frankfurt am Main, S. 22–24. Mit freundlicher Genehmigung.

S. 18–21: Matthias Claudius, Sämtliche Werke. Nach dem Text der Erstausgaben (Asmus 1775–1812) und den Originaldrucken [...], Textredaktion: Jost Perfahl, mit einem Nachwort und einer Zeittafel von Wolfgang Pfeiffer-Belli sowie Anmerkungen und Bibliographie von Hansjörg Platschek, München 1976, S. 220–222.

S. 24–27: Friedrich von Bodelschwingh, Ausgewählte Schriften, Bd. 1: Veröffentlichungen aus den Jahren 1858 bis 1871, Bethel bei Bielefeld 1955, S. 195–198: »Die häuslichen Feste« [Teil 1].

S. 30–35: Jochen Klepper, Unter dem Schatten deiner Flügel. Aus den Tagebüchern der Jahre 1932–1942, herausgegeben von Hildegard Klepper, Auswahl, Anmerkungen und Nachwort von Benno Mascher, Stuttgart 1956, S. 130–135, 216–220. © 1956 Deutsche Verlags-Anstalt, München, in der Verlagsgruppe Random House GmbH. Mit freundlicher Genehmigung.

S. 38–41: Wolfgang Borchert, Das Gesamtwerk, herausgegeben von Michael Töteberg unter Mitarbeit von Irmgard Schindler, © 2007 Rowohlt Verlag GmbH, Reinbek bei Hamburg, S. 217–219. Mit freundlicher Genehmigung.

S. 44–49: Theodor Fontane, Werke, Schriften und Briefe, herausgegeben von Walter Keitel und Helmuth Nürnberger, Abt. 4: Briefe, 4 Bde., München (Lizenzausgabe Darmstadt) 1976–82. Bd. 1: 1833–1860, herausgegeben von Otto Drude und Helmuth Nürnberger, 1976, Nr. 173, S. 372 f., hier S. 372; Nr. 340, S. 688 f., hier S. 688; Bd. 2: 1860–1878, herausgegeben von Otto Drude, Gerhard Krause und Helmuth Nürnberger unter Mitwirkung von Christian Andree und Manfred Hellge, 1979, Nr. 11, S. 15–19, hier S. 15; Nr. 451, S. 561 f.; Bd. 3: 1879–1889, herausgegeben von Otto Drude, Manfred Hellge und Helmuth Nürnberger unter Mitwirkung von Christian Andree, 1980, Nr. 160, S. 171 f.; Nr. 338, S. 364; Nr. 345, S. 370 f.; Nr. 477, S. 504 f.

S. 52–55: D. Martin Luthers Werke. Kritische Gesamtausgabe (Weimarer Ausgabe), Bd. 10, Abt. 1, Erste Hälfte, Weimar/Graz 1966 (unveränderter photomechanischer Nachdruck der Ausgabe Weimar 1910), S. 58–95, hier S. 58–70 (für die Wiedergabe im vorliegenden Band wurde der Text sprachlich behutsam modernisiert, © 2011 mediaKern GmbH, Friesenheim-Schuttern).

S. 58: Paul Gerhardt, »Warum willst du draußen stehen«, Strophen 2 und 3, in: Evangelisches Gesangbuch. Ausgabe für die Evangelische Landeskirche in Baden, pour l'Eglise de la Confession d'Augsbourg d'Alsace et de Lorraine, pour l'Eglise Reformée d'Alsace et de Lorraine, Karlsruhe/Straßburg 1995, unveränderter Nachdruck Stuttgart 2010, Nr. 543.

S. 59: Stefan George, »Leo XIII«, Strophe 3, in: Stefan George, Sämtliche Werke in 18 Bänden, Bd. 6/7: Der siebente Ring, Stuttgart 1986, S. 20–21, hier S. 20.

S. 60: Christian Fürchtegott Gellert, »Dies ist der Tag, den Gott gemacht«, Strophen 2, 4, 8 und 9, in: Evangelisches Gesangbuch (wie S. 58), Nr. 42.

Bildnachweis

Alle Bilder, soweit nicht anders angegeben: © Fotolia
Umschlag: marlies plank; Porträt Peter Hahne: Foto privat
Hintergrund S. 2/3: Stefan Körber; Hintergrund S. 10, 16, 28, 36, 50, 56: Rolf Klebsattel
S. 3: Subbotina Anna; S. 6: Coprid; S. 7, 52, 54: Anyka; S. 8: frenta; S. 11: si.re-flex; S. 12, 14: Torbz; S. 15: ASonne30; S. 17: marlies plank; S. 18, 20: Rob Stark; S. 21: Jeanette Dietl; S. 22/23: Petoo; S. 24, 26: by-studio; S. 29: Radoslav Kostka; S. 30, 32, 34: Marta Teron; S. 35: jenshagen; S. 37: foodinaire; S. 38, 40, 60: homydesign; S. 41: Stasys Eidiejus; S. 42/43: Romeo Koitmäe; S. 44, 46, 48: Sarapinas Valery; S. 51: Gina Sanders; S. 55: Benjamin Haas; S. 57: Stauke; S. 58: Krone des Deutschen Kronprinzen, Wikipedia; S. 61: FotoLyriX

Bibliografische Information der Deutschen Nationalbibliothek
Die Deutsche Nationalbibliothek verzeichnet diese Publikation in der Deutschen Nationalbibliografie; detaillierte bibliografische Daten sind im Internet über http://dnb.d-nb.de abrufbar.

ISBN 978-3-8429-3507-5

Bestell-Nr. 512 3507

Gesamtgestaltung: Ch. Karádi
Textzusammenstellung und Lektorat: Dr. Ulrich Parlow
Gesamtherstellung: CPI – Ebner & Spiegel, Ulm
Printed in the EU 2011

www.media-kern.de

FSC
www.fsc.org
MIX
Papier aus verantwortungsvollen Quellen
FSC® C006701